L'UNITÉ FRANÇAISE

ET LA

DÉCENTRALISATION

PAR

E. H. FREEMAN

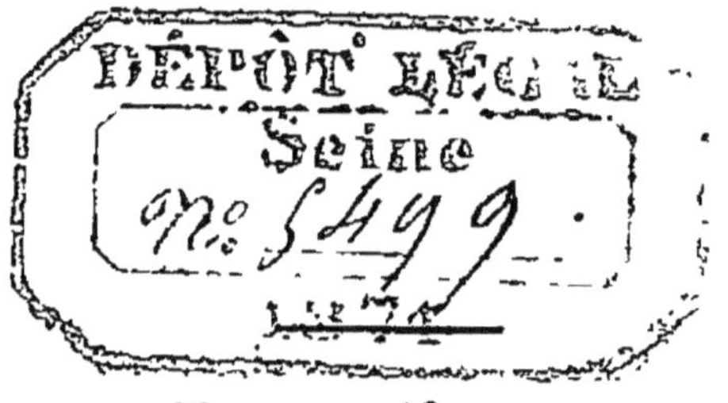

5 centimes.

PARIS

LIBRAIRIE DÉMOCRATIQUE

33, RUE MONTMARTRE, 33

1872

L'UNITÉ FRANÇAISE

ET

LA DÉCENTRALISATION

La décentralisation administrative est un des besoins les plus impérieux de notre époque; instruit surtout par les événements de la guerre de 1870-1871, le pays la réclame vivement; l'Assemblée nationale, lorsqu'elle a discuté la loi sur les Conseils généraux, a constaté que la question s'imposait à ses délibérations; la nécessité d'une réforme est universellement reconnue; pas une voix ne s'élève pour défendre ouvertement le système actuel; les partisans même de la centralisation se taisent; mais ce qu'ils n'osent pas faire directement, ils tentent de le faire par des voies détournées. Leur parle-t-on de l'émancipation des communes et des départements, ils répondent qu'on veut établir en France la fédération, y introduire le régime américain, ou le régime suisse, qui ont bien leur mérite, pour le dire en passant, enfin QU'ON VEUT DÉTRUIRE LA GRANDE UNITÉ FRANÇAISE.

Ainsi s'exprimait, *pro aris et focis*, le ministre de l'Intérieur, M. Lambrecht, dans la séance du 8 juillet 1871 ; telle était aussi la pensée de M. Ernest Picard, défendant les idées autoritaires, qu'il avait autrefois combattues, alors qu'il siégeait sur les bancs de la gauche au Corps législatif, consentant à octroyer la liberté aux communes, quand on discute une loi départementale, sauf à la demander pour le département seul, quand on discutera la loi communale, et venant, sans rire, faire cette majestueuse déclaration : « Quant à moi, je suis prêt à faire « une large concession, mais la seule que je « puisse faire est de consentir à tout ce qui « donne le contrôle, en refusant tout ce qui « mettrait, dans la main d'une commission « irresponsable et collective, l'administration « du département. »

Ce qui faisait dire à un député de la droite, l'honorable M. Raudot, qu'en écoutant M. Ernest Picard, il avait cru entendre un discours de M. Rouher dans ses beaux jours.

Un autre député, M. Target, ancien rédacteur du *Journal des Débats*, venait également prêter l'appui de sa parole à la centralisation que, sous un autre régime, il attaquait de sa plume. Suivant lui, ce n'était pas l'heure de diminuer l'autorité ; ce n'était pas en l'affaiblissant que nous arriverions à refaire la force et la grandeur de la France.

D'autres prétendent que le pays n'est pas

constitué, qu'il n'est pas de force à supporter ce changement de régime. On dit qu'il y aura des conflits, que l'on ne trouvera pas, en nombre suffisant, des administrateurs éclairés pour les départements et les communes.

Autres temps, antres mœurs. On est libéral dans l'opposition, on est réactionnaire au pouvoir. Pourquoi voit-on différemment, pourquoi change-t-on de langage suivant les circonstances ? Parce qu'on n'obéit qu'à des expédients, essentiellement variables, au lieu de s'appuyer sur des principes que les événements ne sauraient modifier.

Il est vraiment bien facile, quand une réforme est réclamée, de venir répondre qu'elle est juste en elle-même, mais que l'heure de l'appliquer n'est pas venue ; et si c'est précisément parce que l'autorité est trop grande entre les mains du pouvoir que le pays s'est trouvé si faible, pourquoi ne pas limiter cette autorité qui n'a rien su faire pour nous sauver ?

On craint, dit-on, de ne pas trouver en assez grand nombre des administrateurs capables ! Voulez-vous donc maintenir éternellement la France sous la tutelle gouvernementale ? Est-ce là ce que vous appelez le gouvernement du pays par le pays ? Et croyez-vous que ce soit un bon moyen de lui enseigner à s'administrer un jour lui-même, que de le laisser à perpétuité conduire en laisse par les préfets et les bureaux ?

N'est-il pas trop commode enfin d'évoquer à tout propos le spectre du fédéralisme, et de prétendre que l'unité de la France sera détruite, du moment où l'émancipation de la commune et du département aura réduit le pouvoir central à ses attributions normales? Cette objection n'est pas plus sérieuse que les autres.

Nous nous payons un peu trop facilement de mots, en général; avant d'aller plus loin et de répondre à cette objection qu'on réserve habituellement, en apparence, pour foudroyer son adversaire, en réalité, parce qu'on n'a rien à dire; examinons ce que l'on entend par l'unité de la France. M. Lambrecht a oublié de l'expliquer à l'Assemblée nationale; cherchons à nous en rendre compte, et dans ce but, voyons un peu comment sont constitués les principaux états de l'Europe.

La Grande-Bretagne est formée de l'union des trois royaumes d'Angleterre, d'Écosse et d'Irlande; les lois votées par le Parlement obligent toutes les parties du royaume, à moins qu'il ne leur ait été donné un caractère tout spécial d'application; la force militaire est une, la représentation à l'extérieur est une; et cependant toute liberté d'administration est laissée aux communes ou paroisses, la centralisation y est inconnue; le secrétaire d'État de l'Intérieur n'a jamais revendiqué le droit de nommer les gardes champêtres.

Dans l'empire d'Autriche, les États autrichiens proprement dits et les pays autrefois dépendants de la couronne de Hongrie forment deux groupes distincts, séparés constitutionnellement, quoique attachés l'un à l'autre par des affaires communes, savoir : l'armée, la représentation diplomatique auprès des puissances étrangères et les questions de douanes; un ministère commun aux deux groupes traite ces dernières questions. En Autriche, la liberté d'administration communale est entière.

La Prusse ou empire d'Allemagne, formé de provinces et de royaumes divers, malgré sa constitution semi-féodale, laisse aux communes le droit de s'administrer librement; l'armée, la représentation nationale à l'extérieur sont communes à tout l'Empire. — Aucune trace de la centralisation telle qu'elle est pratiquée en France.

La Russie, empire autocratique, est le seul pays qui nous offre l'exemple de la centralisation du pouvoir poussée aussi loin qu'elle peut l'être dans un territoire d'une si grande étendue. Nous ne dirons rien de la commune russe, sorte d'être collectif, formée seulement de paysans dans l'ancienne signification de ce mot : nous ne citons la Russie que pour mémoire et uniquement parce que son régime administratif est celui qui se rapproche le plus du nôtre : nous n'avons pas lieu d'en être fiers.

À côté de ce qu'on appelle les cinq grandes

puissances, jetons un coup d'œil sur quelques puissances de second ordre.

En Italie, aussitôt après la guerre de 1859, le gouvernement présentait un projet de loi sur l'organisation communale et provinciale. Dans son exposé des motifs, le ministre de l'Intérieur rendait hommage au principe d'unité politique auquel les grands peuples modernes doivent leur force, leur sûreté et leur prospérité ; mais il signalait en même temps l'attachement de ces peuples au principe de liberté sans lequel la concentration politique n'aboutirait qu'à dessécher les sources de la vie civile de tout l'État. Rappelant ensuite l'immense service rendu par les franchises municipales à l'Italie et à l'Europe, et les causes d'une décadence due, moins à l'abus de la liberté, qu'à l'absence d'un lien qui réunît les communes en corps de nation et les rendît capables de résister au choc extérieur, il proposait un plan d'organisation combiné de manière à exciter tous les intérêts, toutes les activités, toutes les capacités à concourir au gouvernement de la commune. Tout se réunissait pour introduire dans le municipe les éléments essentiels de l'ordre représentatif, lequel se reproduit ainsi pour la garantie de tous lès droits et de tous les intérêts, en montant du cercle rudimentaire de la commune jusqu'à celui du parlement.

Mais, comme la commune ne serait pas pourvue de garanties suffisantes, pour résister isolément aux atteintes du pouvoir politique, la loi a institué la province sur le même type et attribué aux pouvoirs qui en émanent, la représentent et en défendent les intérêts, la tutelle des communes, de manière que toutes les affaires communales, sauf les recours aux conseils du roi, se terminent dans l'intérieur de la sphère provinciale, là seulement, où l'on peut avoir une connaissance suffisante de la nature des affaires de ce genre et de l'importance vraie des intérêts qui en sont l'objet.

La province donc, soit qu'on la considère dans la forme des élections, d'où sort le droit provincial, soit qu'on la considère dans les attributions de ce pouvoir, se présente comme une grande association de communes destinée à pourvoir à la tutelle des droits de chacune, et à la gestion de leurs intérêts collectifs, soit matériels, soit moraux.

« C'est à la province que ressortissent les institutions d'instruction publique, de charité et de bienfaisance fondées pour l'avantage des populations, car il convient, sous peine de voir tarir les sources de la charité individuelle, de soustraire ces institutions à l'ingérence souveraine de l'État, et d'enlever à celles-ci le caractère, menaçant pour la liberté, qu'elles tendent à prendre là où elles sont placées sous l'ombre, peu propice, du pouvoir politique.

« Et comme l'action provinciale ne doit jamais entraver l'action politique du gouvernement, qui sera d'autant plus fort et d'autant plus respecté, qu'il aura moins d'occasions d'intervenir dans les choses pour lesquelles il a une moindre compétence que les pouvoirs municipaux, le pouvoir, d'ailleurs fortement constitué et représenté partout selon la forme constitutionnelle, agit partout avec le concours effectif du pays. Le gouvernement siége, au moyen de ses délégués, à la tête de la commune et de la province, moins pour réfréner que pour favoriser l'évolution des libertés dans les conditions légales, moins pour y faire sentir la main de l'autorité centrale que pour y faire sentir l'avantage de la voir voisine, prompte et compétente. En somme, les gouverneurs, les intendants et les autres officiers publics institués par cette loi pour diriger les provinces et les diverses parties, se présentent simultanément comme les organes du gouvernement vis-à-vis des populations, et comme les organes de celles-ci vis-à-vis du gouvernement ; et c'est par eux que doit s'affermir la tutelle des droits respectifs, ainsi que l'accord des éléments du pouvoir représentatif. »

Telle est la théorie d'une loi qui se recommande par ses principes essentiels, directement opposés à ceux de la centralisation. Nous avons voulu en donner l'analyse complète, parce qu'il n'est pas de meilleure réponse, à ceux qui prétendent que les partisans de la décentralisation visent à détruire l'unité de la France. En effet, l'objectif du gouvernement italien, en 1859 surtout, c'était l'établissement de l'unité en Italie ; et il ne croyait pas aller contre son but en instituant la liberté des communes et celle des provinces, en limitant le rôle du pouvoir central à celui d'une autorité tutélaire destinée à protéger la liberté des citoyens et non à l'absorber à son profit. Et cependant l'Italie a un gouvernement monarchique, et la France a ou croit avoir un gouvernement républicain.

Et, si maintenant nous voulons examiner l'organisation de la Suisse, de la Belgique, du Portugal, de l'Espagne même, nous serons forcés de constater, que nulle part on ne considère les franchises locales comme portant atteinte au principe d'unité. Pourquoi donc en serait-il autrement en France ? Le principe d'autorité y est-il inconciliable avec la liberté ? S'il en était ainsi, ce ne serait pas la liberté qui devrait disparaître ; mais il n'en est rien ; la liberté peut s'établir chez nous à côté du pouvoir ; et ce pouvoir sera réellement fort et respecté le jour où ses attributions, fondées sur le droit naturel, n'enlèveront à la liberté de chacun que ce qui est absolument nécessaire à l'affermissement et au maintien de la liberté de tous.

Disons-le donc bien haut, l'unité de la France n'est nullement menacée par la décentralisation ; personne n'a la pensée de faire de chaque commune une petite république indépendante vivant en dehors de la grande communauté, ayant ses lois, sa justice, sa police, sa force armée, son système de travaux publics et de finances ; pousser la décentralisation à cette extrémité, ce serait tomber dans l'absurde. Ce qu'il est équitable de demander, c'est qu'on fasse à l'état sa juste part réglée sur l'absolue nécessité, en réservant à la commune et au département toutes les œuvres, toutes les affaires, toutes les institutions qui sont de leur ressort et de leur compétence ; ce que l'on veut, c'est enlever à l'État ce qui ne lui appartient pas, afin de préparer, de former les citoyens au gouvernement et à l'administration de la grande cité nationale, par l'exercice des droits et le maniement des affaires de la petite cité communale.

Qu'on ne dise pas non plus, comme M. Target, que l'heure n'est pas venue de diminuer l'autorité, car la concentration exagérée des pouvoirs entre les mains de l'État ne peut être, comme l'expérience le prouve, un moyen de refaire vite ou même lentement la force et la grandeur de la France. Quant à l'opportunité, elle ne sera, en aucun temps, plus grande qu'aujourd'hui. La reconstitution du pays est même une impérieuse nécessité à laquelle il est impossible de se soustraire plus longtemps. Si l'Assemblée nationale n'a pas les pouvoirs nécessaires, — c'est notre avis, mais nous n'avons pas à examiner ici cette question, — qu'elle fasse place à une assemblée nouvelle, choisie librement et en parfaite connaissance de cause par les électeurs, après que, dans leurs comices, ils se seront suf-

fisamment éclairés sur les besoins et les ten-
dances de la France; que cette nouvelle assemblée, s'inspirant des vœux de la nation, lui
donne enfin une constitution rationelle, fondée
sur la liberté vraie, et qui, prenant pour base la
commune épande la vie politique dans toutes
les parties du corps social, concilie l'ordre et la
liberté, identifie l'Etat et la société et réalise
enfin, autant qu'il est possible, le gouvernement
du pays par le pays.

L'assemblée nationale a eu tort de voter la
loi sur les conseils généraux avant d'avoir voté
la loi sur l'organisation communale ; on a com-
mencé l'édifice social par le premier étage ; la
commune autonome doit en être le fondement ;
elle est le frein le plus puissant du despotisme.
L'unité française n'a rien à en redouter.

« Si les formes démocratiques peuvent être
appliquées quelque part sans inconvénient et
sans danger, dit un publiciste génevois, M. Cher-
bulliez, c'est dans le gouvernement des communes. Ces intérêts sont de ceux que les masses
comprennent. Les questions que ces intérêts
font naître sont, en général, de celles que le
peuple est capable de traiter, parce qu'il en con-
naît les éléments et parce que la solution
qu'elles reçoivent doit avoir une influence im-
médiate sur son bien-être. D'ailleurs, cette solution devant toujours se rattacher à des principes
généraux posés par les lois de l'Etat, il ne s'agit
guère pour la commune que de sanctionner

l'application qui a été faite de ces lois, d'après les besoins de la localité, par les autorités communales. Enfin l'élection de ces autorités étant faite par un collége unique, peut toujours être l'expression vraie de la majorité. Il n'y a point lieu ici à ce fractionnement de l'élection, qui a pour effet de vicier le système représentatif dans son principe, et de faire du suffrage universel une déception. La démocratie s'introduit-elle dans le gouvernement de l'Etat même, j'y vois un motif de plus pour désirer qu'elle soit, et surtout qu'elle ait été auparavant dans les communes; car le gouvernement des intérêts locaux devient alors comme une école préparatoire où le peuple se forme à l'exercice de la souveraineté, s'accoutume aux formes et aux garanties dont cet exercice doit être entouré, apprend enfin à connaître, soit ses propres intérêts, soit les hommes qui sont capables de le représenter dans la législation de l'Etat. »

Qu'on se mette donc à l'œuvre résolûment; et quand la France aura été ainsi dotée d'institutions attribuant à l'individu, à la commune et à l'Etat le rôle qui appartient à chacun d'eux, en stricte justice; quand, par la liberté même, tout empiétement de l'un sur l'autre aura été rendu impossible; alors nous ne verrons plus se renouveler ces révolutions stériles qui bouleversent le pays et n'aboutissent jamais qu'à des changements de personnes et à l'accroissement continu du budget et de la dette publique; alors la

France reprendra promptement dans le monde le rang qui lui appartient, alors enfin elle n'aura plus de revanche à désirer contre ses ennemis, car celle qu'elle aura ainsi obtenue pacifiquement sera bien plus réelle, bien plus vraie, bien plus éclatante et bien plus glorieuse que celle qu'elle pourrait poursuivre par les armes.